QUIÉN TRABAJA EN MI VECINDARIO

EL PILOTO

LIGHTBOX
openlightbox.com

Sara Cucini

LIGHTBOX

Entre a
www.openlightbox.com
e ingrese el código único
de este libro.

CÓDIGO DE ACCESO

LBXM7499

Lightbox es una completa solucióndigital para enseñar y aprender temas curriculares de una manera original e innovadora. Lightbox se basa en las Normas Curriculares Nacionales.

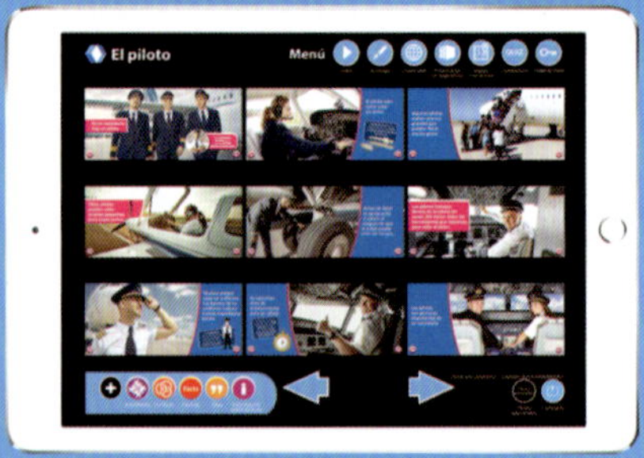

OPTIMIZADO PARA

- ✓ TABLETAS
- ✓ PIZARRAS ELECTRÓNICAS
- ✓ COMPUTADORAS
- ✓ ¡Y MUCHO MÁS!

CARACTERÍSTICAS ESTÁNDAR DE LIGHTBOX

- **AUDIO** Narraciones de alta calidad con sistema de texto a voz
- **VIDEOS** Videoclips de alta definición incorporados
- **ACTIVIDADES** PDFs imprimibles que pueden enviarse por correo electrónico y calificarse
- **ENLACES WEB** Enlaces cuidadosamente seleccionados con recursos seguros para niños
- **PRESENTACIÓN EN DIAPOSITIVAS** Ilustraciones gráficas de los conceptos clave
- **MAPAS INTERACTIVOS** Mapas interactivos e imágenes satelitales aéreas
- QUIZ **CUESTIONARIOS** Diez preguntas de elección multiple con puntaje automático que se envían por correo electrónico al docente para su evaluación
- **PALABRAS CLAVE** Combinación de los conceptos clave con sus definiciones

RECURSOS SUPLEMENTARIOS

- **COMPARTE** Comparte títulos dentro de tu Sistema de Gestión de Aprendizaje (LMS) o Sistema de Circulación de Bibliotecas
- **CURRÍCULO** Encuentre correlaciones curriculares Nacionales y Estatales.
- **CITAS** Crea referencias bibliográficas siguiendo los estilos de APA, CMOS y MLA

VIDEOS

ENLACES WEB

PRESENTACIÓN EN DIAPOSITIVAS

CUESTIONARIOS

Este título está incluido en nuestra suscripción digital de Lightbox

Suscripción en español de K–5 por 1 año
ISBN 978-1-5105-5935-6

Accede a cientos de títulos de Lightbox con nuestra suscripción digital.
Regístrate para una prueba **GRATUITA** en **www.openlightbox.com/trial**

Se garantiza que los componentes digitales de este libro estarán activos por al menos cinco años desde la fecha de publicación.

QUIÉN TRABAJA EN MI VECINDARIO

EL PILOTO

Contenidos

En mi vecindario
hay un piloto.

En los **Estados Unidos** viven más de **48 000 pilotos comerciales.**

6

El piloto sabe cómo volar un avión.

La **primera vez** que se voló un avión fue en **1903**, en **Kitty Hawk, Carolina del Norte.**

Algunos pilotos vuelan aviones grandes que pueden llevar mucha gente.

GW

Otros pilotos pueden volar aviones pequeños para viajes cortos.

Antes de dejar el aeropuerto, el piloto se asegura de que el avión pueda volar sin riesgos.

Los pilotos trabajan dentro de la cabina del avión. Allí tienen todas las herramientas que necesitan para volar el avión.

COMPT SMK
OXYGEN
AVIONICS VENT

16

Muchos pilotos usan un uniforme. Las bandas de su uniforme indican cuánta experiencia tienen.

Los **capitanes** son los pilotos más experimentados. Su uniforme tiene **cuatro bandas**.

Se necesitan años de entrenamiento para ser piloto.

Los pilotos necesitan tener al menos **1 500 horas** de vuelo para poder **volar aviones grandes de pasajeros**.

Los pilotos son personas importantes de mi vecindario.

Veamos qué has aprendido sobre los pilotos.

Describe lo que ves en cada una de estas imágenes.

Published by Lightbox Learning Inc.
276 5th Avenue, Suite 704 #917
New York, NY 10001
Website: www.openlightbox.com

Library of Congress Control Number: 2024947248

ISBN 978-1-5105-8591-1 (hardcover)
ISBN 978-1-5105-8590-4 (static multi-user eBook)
ISBN 978-1-5105-8588-1 (interactive multi-user eBook)

102024
112024

Printed in Guangzhou, China
1 2 3 4 5 6 7 8 9 0 29 28 27 26 25

Designer: Ana María Vidal
Project Coordinator: Sara Cucini
English/Spanish Translation: Translation Services USA

Every reasonable effort has been made to trace ownership and to obtain permission to reprint copyright material. The publisher would be pleased to have any errors or omissions brought to its attention so that they may be corrected in subsequent printings.

The publisher acknowledges Getty Images, Alamy, and Shutterstock as the primary image suppliers for this title.